DIE ANDERE WEIHNACHTSGESCHICHTE

Lindi Masters Lizzie Masters

Geschrieben von
Lindi Masters©

Illustriert von
Lizzie Masters©

"DIE ANDERE WEIHNACHTSGESCHICHTE"
Copyright© 2025

Text Lindi Masters
Illustrationen Lizzie Masters
Übersetzt von Susanne Scott und Anne Reising

Titel der Originalausgabe: THE OTHER CHRISTMAS STORY

Ein großer Dank geht an IGNITE KIDZHUB© und an alle teilnehmenden Kinder aus der UK, USA, Südafrika und Australien für ihre künstlerischen Beiträge zu diesem Buch. Ein besonderer Dank geht an unsere Mentoren und Freunde Ian Clayton und Grant Mahoney, ohne die wir diese himmlischen Bereiche niemals erkundet hätten.

Alle Rechte vorbehalten. Kein Teil dieser Veröffentlichung darf ohne vorherige Genehmigung des Urheberrecht-Inhabers in irgendeiner Form vervielfältigt werden; weder fotokopiert noch mit elektronischen oder mechanischen Mitteln, einschließlich Informationsspeicher- und Abfragesystemen gespeichert, aufgezeichnet oder übertragen werden. Kein Teil dieses Buches, einschließlich der Illustrationen, darf ohne die schriftliche Genehmigung des Herausgebers in irgendeiner Weise verwendet oder reproduziert werden.

Lindi Masters   Lizzie Masters

DIE ANDERE WEIHNACHTSGESCHICHTE

Dieses Buch gehört:

Es ist Weihnachtszeit!

Juda hüpft aufgeregt in seinem Bett hin und her.

"Juda, du musst ins Bett gehen, damit ich dir eine Geschichte erzählen kann!", sagte Mama.

"Juda", sagte Mama, "ich möchte dir die wahre Geschichte über Weihnachten erzählen."

"Diese Geschichte ist wichtig, denn sie erzählt uns davon, wie Jeschua auf die Erde kam."

"Jeschua war das Lamm, das schon vor Grundlegung der Welt geschlachtet wurde. Trotzdem musste er noch als Mensch zur Erde kommen.", sagte Mama.

Juda machte es sich gemütlich, um sich die Geschichte anzuhören.

Maria war ein junges Mädchen aus Nazareth.

König David war ein Vorfahre von Maria. Sie diente schon als junges Mädchen im Tempel.

Maria war mit Josef verlobt, der auch aus dem Hause David stammte.

Gott sandte den Engel Gabriel zu Maria. Er sagte: "Freue dich, du Auserwählte. Fürchte dich nicht, denn der Herr ist mit dir und du hast Gunst bei Gott gefunden."

"Höre, du wirst schwanger werden und einen Sohn gebären und er soll Jeschua (Jesus) genannt werden."

"Wie soll denn das geschehen, ich bin doch gar nicht verheiratet?", fragte Maria.

Der Engel Gabriel sagte zu Maria, dass sie schwanger sei, denn der Heilige Geist habe sie überschattet.

"Der Heilige, der geboren wird, wird Sohn Gottes genannt werden.", sagte Gabriel.

Maria erzählte Josef, dass sie schwanger war. Josef war ein gerechter Mensch, ein Tekton, die mit heiliger Geometrie und Rätseln arbeiteten. Er war ein weiser Mann und wollte Maria nicht bloßstellen. Darum bewahrte er all das als ein Geheimnis.

Der Engel des Herrn erschien Josef in einem Traum und sagte, "Josef, hab keine Angst, Maria als deine Ehefrau zu nehmen. Das Baby in ihr wurde durch den Heiligen Geist empfangen. Wenn er geboren wird, sollst du ihn Jeschua (Jesus) nennen."

Cäsar Augustus ordnete an, dass alle Menschen in der Welt sich in ihrer Geburtsstadt registrieren lassen sollten.

Josef nahm Maria, die im neunten Monat schwanger war, und reiste mit ihr nach Bethlehem.

Als Josef und Maria Bethlehem erreichten, gab es in den Herbergen keinen Zimmer mehr für sie. So viele Menschen waren in der Stadt.

Schließlich fanden sie so etwas ähnliches, wie eine Höhle.

Und dort wurde Jeschua geboren. Sie wickelten ihn in Tücher und legten ihn in eine Futterkrippe.

In der Nacht wachten die Hirten beziehungsweise Wächter über die Herde Israel.
Es ist die Zeit, wo man den Geheimnissen Gottes begegnet.

Der Engel des Herrn erschien ihnen und die Herrlichkeit des Herrn erstrahlte um sie herum.

Er sagte: "Habt keine Angst, denn ich habe eine gute Nachricht für euch."

Nun erzählte er ihnen, dass der Messias in Bethlehem geboren wurde.

Alle Engel und himmlische Heerscharen begannen Gott zu preisen.

Als die Engel des Herrn sie verließen, gingen die Wächter nach Bethlehem und fanden Jeschua in Tücher gewickelt, in einer Futterkrippe liegend.

Nachdem sie von dort fortgingen, erzählten sie jedem, was sie gesehen hatten, und priesen Gott.

Währenddessen...

Als Jeschua vom Vater durch die Mazzaroth kam, folgte Ihm Sein Stern. Zu der Zeit kamen neun Magier durch das Osttor nach Jerusalem.

Während sie reisten, fragten sie, wo denn der König der Juden sei, da sie seinen Stern gesehen hätten. Sie sind gekommen, um ihn anzubeten.

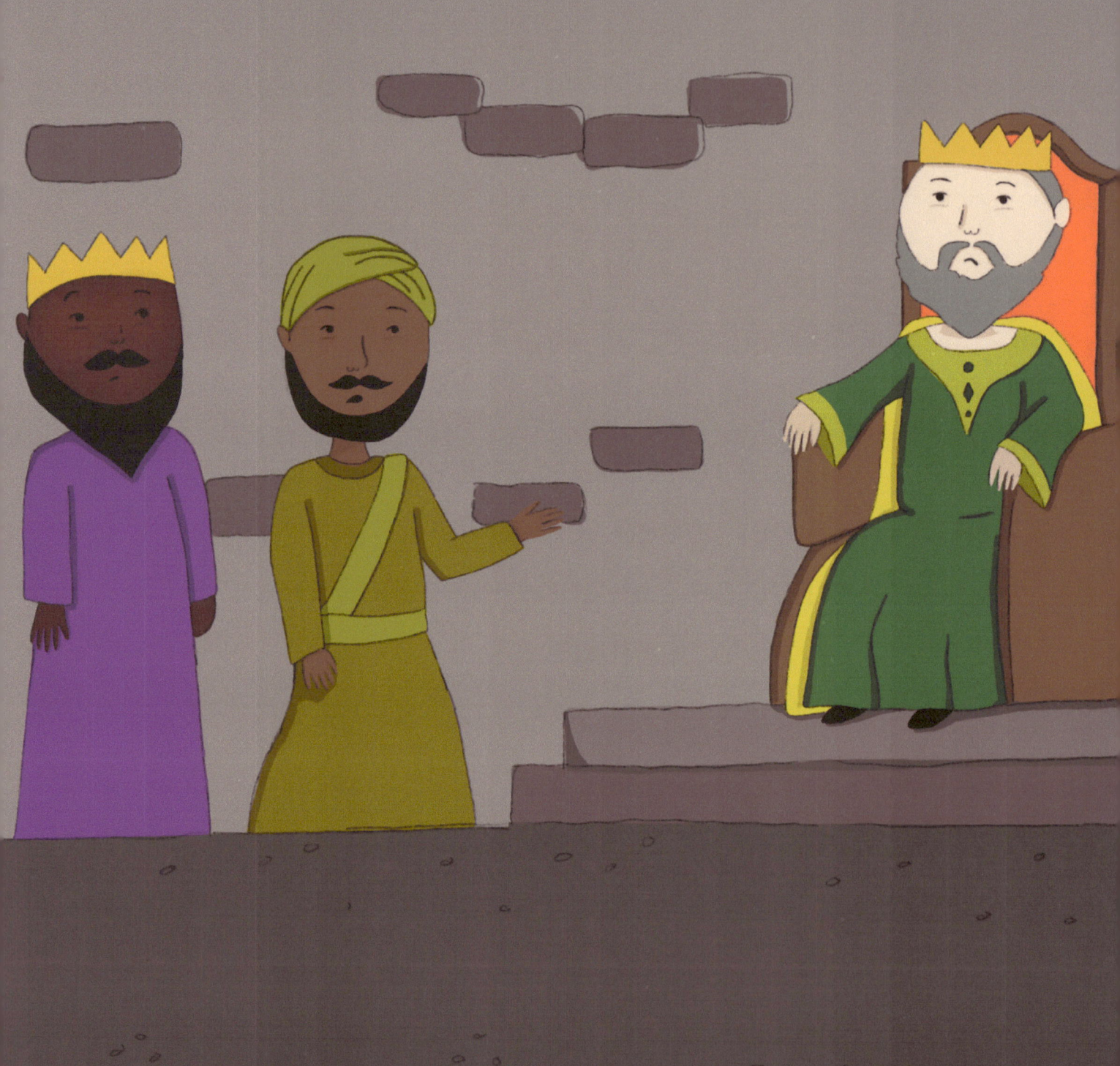

Herodes war sehr besorgt und rief alle führenden Priester und Schriftgelehrten zusammen. Sie sagten ihm, dass der König der Juden in Bethlehem geboren wird.

Heimlich rief Herodes die Magier zu sich und fragte sie, wann denn Sein Stern erschienen sei.

Er bat sie, zu ihm zurückzukommen und ihm zu berichten, wo das Kind sei. Auch er möchte hingehen, um es anzubeten könne. Doch diese Abmachung war nur ein Trick.

Die Magier folgten seinem Stern bis er über dem Ort zum Stehen kam, wo das junge Kind war.

Als sie in das Haus hineingingen, sahen sie das junge Kind. Sie beteten es an und gaben ihm viele Schätze.

In einem Traum wurden sie davor gewarnt, zu Herodes zurückzugehen. Darum nahmen sie einen anderen Weg.

Nachdem die Magier weggegangen waren, redete der Engel des Herrn zu Josef in einem Traum. Er sagte Josef, er solle das junge Kind und seine Mutter nehmen und schnell nach Ägypten reisen. Dort solle er bleiben, bis er weitere Anweisungen erhalten würde.

Herodes wollte das junge Kind umbringen!

Herodes ließ alle männlichen Kinder unter zwei Jahren in und um Bethlehem herum ermorden. Dies war die Zeitspanne, die die Magier ihm genannt hatten, seitdem Sein Stern erschienen war.

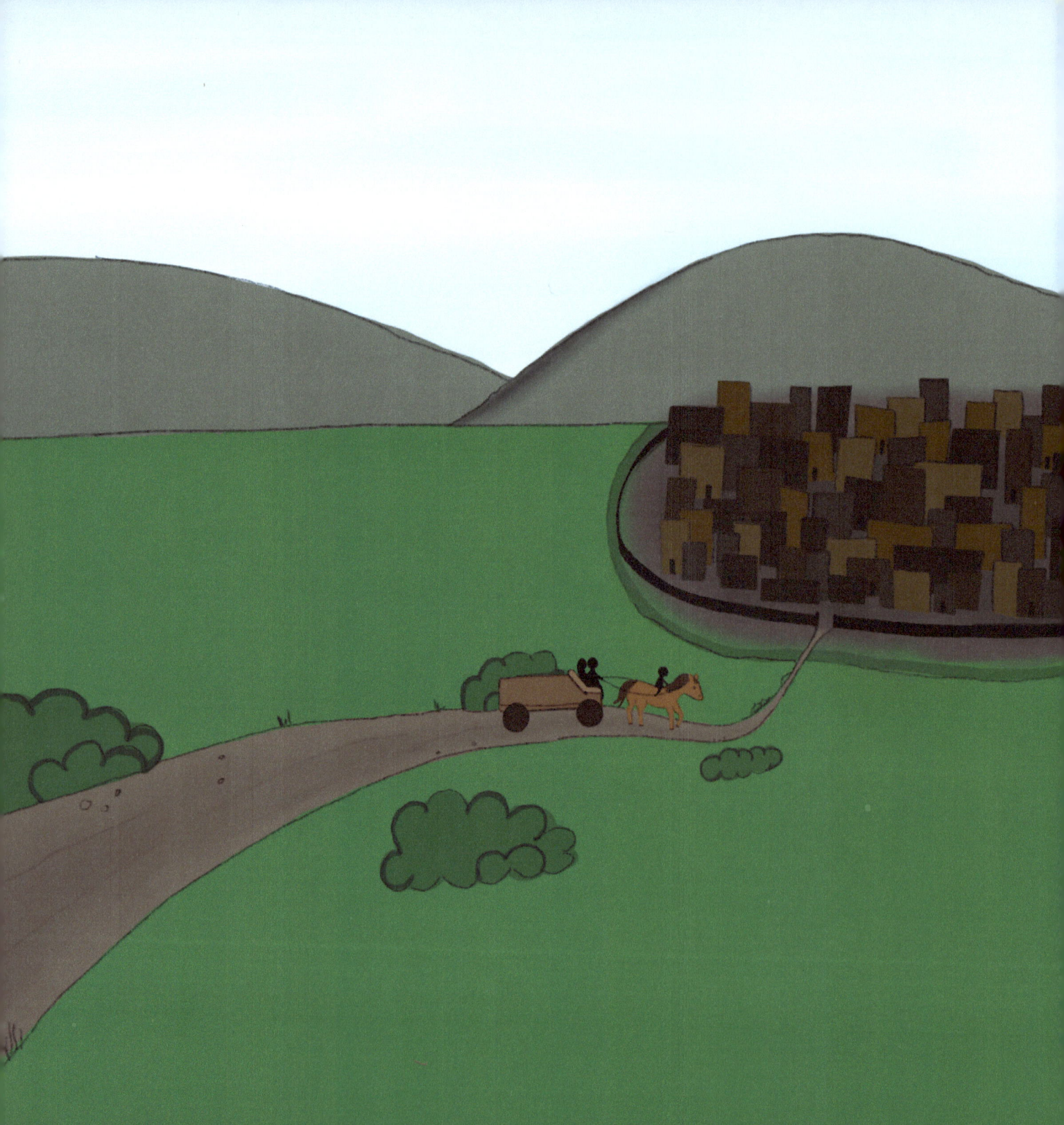

Nach langer Zeit sagte Gott zu Josef in einem Traum, dass er zurück nach Galiläa gehen sollte, und er kam in die Stadt Nazareth.

Und so geht die großartige Geschichte von Jeschua, dem Sohn Gottes, weiter.

Juda legte sich zum Schlafen hin, um in dieser Nacht von den Geheimnissen Gottes zu träumen.

Er war so froh über die Weihnachtsgeschichte, und dass Jeschua auf die Erde kam, um unser König und Retter zu sein.

"Gute Nacht Juda", sagte seine Mama, als sie die Tür zu machte.

Locke
age 7

The watchers watching over the House of Israel.

Dieses Buch wurde geschrieben, um Kinder zu inspirieren, die Geschichte von Jeschuas Geburt, wie sie ihnen bisher erzählt wurde, zu hinterfragen.

Um verborgene Geheimnisse in der Bibel zu suchen, die herrlichen Wunder einer viel geliebten Bibelgeschichte zu schätzen und sich daran zu erfreuen.

www.ingramcontent.com/pod-product-compliance
Lightning Source LLC
Chambersburg PA
CBHW041116070526
44584CB00002B/190